ORIGINE

DE

LA CORRÉALITÉ

PAR

M. HAURIOU

DOCTEUR EN DROIT.

PARIS

L. LAROSE ET FORCEL

LIBRAIRES-ÉDITEURS

22, RUE SOUFFLOT, 22

1882

ORIGINE

DE

LA CORRÉALITÉ

PAR

M. HAURIOU

DOCTEUR EN DROIT.

PARIS

L. LAROSE ET FORCEL

LIBRAIRES-ÉDITEURS

22, RUE SOUFFLOT, 22

1882

ORIGINE

DE

LA CORRÉALITÉ

PAR

M. HAURIOU

DOCTEUR EN DROIT.

PARIS

L. LAROSE ET FORCEL

LIBRAIRES-ÉDITEURS

22, RUE SOUFFLOT, 22

—

1882

(Extrait de la *Nouvelle Revue historique du droit français
et étranger* 1882.)

Châteauroux. — Typ. et Stéréotyp. A. MAJESTE.

ORIGINE DE LA CORRÉALITÉ

La corréalité est fille du droit strict, telle est la conclusion de l'étude qu'on va lire.

Ce n'est pas là une idée nouvelle, il y a plusieurs années déjà qu'elle fut émise pour la première fois (1); seulement, elle me semble aujourd'hui un peu oubliée, bien à tort, et je voudrais ramener sur elle l'attention. Toute ma prétention serait de l'avoir rajeunie à l'aide de quelques développements nouveaux.

Je ne m'attarderai point dans de longs préliminaires car la corréalité est bien connue de tout le monde, cependant je dois rappeler certaines choses qui me permettront de prendre pied et de préciser le problème à résoudre.

I. — La corréalité, on le sait, avait une physionomie toute particulière, et ce qui lui donnait cette physionomie, c'était la libération des débiteurs *correi* par la *litis contestatio*. La corréalité était une solidarité où les débiteurs (2) pouvaient être libérés par suite d'un simple incident de procédure, sans qu'aucun d'eux eût payé la dette. Si le créancier ne poursuivait pas tous ses débiteurs à la fois, si ne voulant pas diviser son action il agissait contre un seul pour le tout, au moment de la *litis contestatio* intervenue sur cette poursuite, tous les autres débiteurs étaient libérés. Résultat singulièrement incommode, solidarité qui s'évanouissait au moment précis où son utilité eût commencé !

Comment expliquer ce résultat? C'est la première question que l'on se soit posée en la matière, celle qui a provoqué

---

(1) Demangeat, *Obligations solidaires*. Paris 1858.

(2) Je ne parle que des *débiteurs* solidaires, parce que dans tout les cours de ce travail, pour plus de simplicité, je n'entends m'occuper que de la corréalité *passive*. Il sera facile au lecteur de faire lui-même à la corréalité *active* l'application de tout ce qui sera dit pour la corréalité *passive*.

les premières recherches. Or, ces recherches ont fait découvrir quelque chose d'assez important. Les textes ont révélé que les obligations corréales avaient une structure particulière, dont l'effet libératoire de la *litis contestatio* n'était qu'une conséquence. Lorsque plusieurs débiteurs *correi* s'engageaient, il ne se formait pas plusieurs obligations comme cela aurait dû se faire, semble-t-il, il ne s'en formait qu'une seule. Ce n'était pas comme dans la simple solidarité où il y avait autant d'obligations distinctes que de débiteurs ; non, ici, un seul et même lien d'obligation enserrait tous les débiteurs, il y avait, pour employer le mot consacré, *unité d'obligation* (1).

Et c'est ce qui amenait l'effet libératoire de la *litis contestatio*. Par suite de quel mécanisme ? je le dirai plus tard ; ce n'est peut-être point d'une façon aussi directe que certains auteurs ne l'ont cru, mais pour le moment je me contente de constater, sans entrer dans les détails, qu'en elle-même la chose est certaine (2).

Seulement, et c'est surtout ce sur quoi je veux insister, il ne suffit pas de savoir cela pour que la curiosité soit satisfaite. Peu importe que l'effet libératoire de la *litis contestatio* provienne

---

(1) Aujourd'hui l'unité de l'obligation corréale est hors de tout conteste.
D'abord, une foule de textes parlent de l'obligation corréale au singulier *obligatio* au lieu de *obligationes*. V. ll. 2, 3§ 1, 6§ 3, 9 § 1, 19§ 1 de duob. reis, D., XLV. 2; — 9 pr. de pact., D., II, 14 ; 62 pr, *ad l. Falc.* D., xxxv, 2 : 71 pr. *de fidej.*, D., XLVI, 1 : 31 § 1 *de novat.*, D., XLVI 2 ; 93 § 1 *de solut.*, D., XLVI, 3 ; — *Instit. de duob. reis* § 1, III, 16. Cela indique déjà que l'on considérait l'obligation comme unique, mais ce n'est pas tout, des textes plus explicites encore qualifient les débiteurs de *rei, socii, participes* EJUSDEM OBLIGATIONIS V. ll. 116 de V. O.; 16 pr. *de acceptil.* D., XLVI, 4; 34 § 1 *de solut.* D., XLVI. 3 : 14 *rat. rem* D. XLVI, 8.
Aussi les auteurs sont-ils à peu près unanimes : Keller *Litis contest.* § 49-53; Ribbentrop, *Correal Obligationen* — Savigny, *Oblig*, I, 16; Vangerow, *Pandekten*, III § 573, anm. I; Demangeat, *Obl. solidaires* p. 14, 66, 70; Arndts, *Pandekten*, § 213; Windscheid, *Krit. Ueberschau*, VI p. 209; Fitting, *Correal Oblig.*
On ne compte que quelques dissidents : Kuntze, *Die Obligation und Singular succession*, Leipzig, 1856. p, 229. — Helmolt, *die Correal-Oblig.* Giessen, 1857, p. 137.
(2) V. l. 116 de V. O. D., XLV, 1.

d'une structure particulière de l'obligation corréale, l'on
ne sait rien encore si l'on n'arrive pas à savoir quelle est la
raison d'être de cette structure elle-même. D'où vient l'unité
de l'obligation corréale et pourquoi cette unité n'existe-t-elle
pas aussi bien dans la simple solidarité voilà la question im-
portante ? C'est sous cette forme qu'il nous faut attaquer le
problème.

C'est ici en même temps que commencent les erreurs de ceux
qui ont voulu expliquer l'unité d'obligation sans avoir recours
au droit strict. Plusieurs systèmes ont été soutenus, je ne
citerai que les deux principaux.

Je commence par celui qui me semble s'être le plus éloigné
de la vérité.

1° On a prétendu que l'obligation corréale n'était qu'une obligation alternative d'un genre particulier. L'alternative porte-
rait ici sur le sujet de l'obligation, au lieu de porter sur l'objet. Tous les débiteurs seraient bien *in obligatione*, mais un
seul devrait demeurer définitivement le sujet après le choix
exercé par le créancier. L'obligation resterait ainsi unique
malgré la pluralité des sujets, de même que l'obligation alternative ordinaire reste unique, malgré la pluralité des objets (1).

Ce système a été plus d'une fois réfuté au point de vue des
textes (2). Je ne reproduirai point ces réfutations, c'est inutile, j'écarte le système par une sorte de question préalable.

Car, en somme, invoquer une obligation alternative d'un
genre aussi nouveau pour expliquer la corréalité, c'est expliquer une singularité par une autre singularité, c'est-à-dire
que c'est ne rien expliquer du tout. Qu'est-ce que cette alternative portant sur les débiteurs, qui n'aurait eu de précédents
dans aucun droit et qui n'aurait point eu de lendemain? Pourquoi les Romains l'eussent-ils inventée, pourquoi eussent-ils
organisé ainsi la corréalité ? On ne le dit pas. La question
reste donc entière.

2° Le second système est très connu sous le nom de théorie de

(1) Fitting, *Die Natur der Correaloblig.* Erlangen, 1859.
(2) V Machelard, *Textes sur la possession* p. 162 et s. Kuntze. *Excurse
über R. Recht*, Leipzig, 1880. p. 529 et s.

l'*idem debitum*, il fonde en effet l'unité d'obligation sur ce fait que tous les débiteurs *correi* doivent le même objet. Supposons pour un moment, dit-on, que les débiteurs *correi* soient tenus chacun d'une obligation distincte, il n'en est pas moins vrai que tous ces débiteurs doivent une seule et même chose, c'est-à-dire que toutes leurs obligations ont un seul et même objet. Et ce n'est pas seulement au point de vue matériel que l'objet est le même, c'est au point de vue juridique. Lorsque plusieurs débiteurs *correi* s'engagent à *dare Stichum*, ce n'est pas seulement à livrer le même esclave *Stichus*, matériellement parlant, qu'ils s'engagent, c'est encore à faire la *même prestation*, car *dare* est une prestation abstraite qui a partout et toujours la même valeur. Il y a donc *idem debitum* dans le sens absolu du mot, c'est-à-dire qu'il n'y a en réalité qu'une seule prestation. Or, cette unité de la prestation entraîne forcément unification des obligations. Voilà le raisonnement que l'on fait et l'on cite des textes à l'appui (1).

Quant aux textes, je n'y contredis point ; ils parlent de l'unité d'obligation, ils parlent de *l'idem debitum*, ils semblent établir une relation entre ces deux choses ; je le reconnais, seulement je me réserve d'expliquer les choses à ma façon et de tirer plus tard de *l'idem debitum* un autre parti que celui qu'on en tire.

Car le raisonnement que l'on fait est manifestement faux, et c'est lui surtout qu'il faut attaquer ; ce n'est qu'une simple affirmation. Vous dites que l'unité d'objet doit entraîner forcément l'unification des obligations des débiteurs *correi;* mais, d'abord, je demanderai pourquoi le même résultat ne se produit pas pour les obligations des débiteurs simplement solidaires. Dans la simple solidarité, c'est bien aussi une seule et même chose qui est due par les débiteurs, pourquoi donc n'y a-t-il pas aussi unité d'obligation ?

Même sans faire ce rapprochement embarrassant, il est très facile d'établir la fausseté du raisonnement. Je suppose, pour un moment, qu'un créancier stipule séparément de deux débiteurs la dation du même esclave *Stichus*, mais sans constituer

---

1. L. 2, 19. *de duob. reis.* D. XLV. 2 — Inst. § 1 *de duob. reis.* 16.

les débiteurs *duo rei promittendi*, sans même leur faire
savoir qu'ils sont deux. Est-ce qu'il va y avoir unité d'obligation, et, ce qui en est la conséquence, effet libératoire de la
litis contestatio ? évidemment non, qui pourrait le soutenir.
Et cependant, n'y a-t-il par *idem debitum* dans toute la force
du terme, n'est-ce pas de la même prestation qu'il s'agit ?
C'est donc que l'*idem debitum* n'est pas la cause de l'unité
d'obligation, du moins en l'envisageant comme on l'envisage.

Certains auteurs ont bien vu que l'*idem debitum* ne suffisait
pas et ils ont voulu le renforcer par autre chose ; ils ont
remarqué que les obligations des débiteurs avaient toutes
la même cause, ils ont dit que cette unité de cause devait,
elle aussi, entraîner l'unité de l'obligation. C'est encore là
une pure affirmation du genre de la précédente. De ce que
deux obligations ont la même cause, il ne s'ensuit pas qu'elles
doivent se fondre en une seule. Dans notre droit français
aussi les obligations des débiteurs solidaires ont bien la même
cause, a-t-on jamais songé à prétendre que ces obligations
n'en fissent qu'une (1) ?

Le grand tort des partisans de la théorie de l'*idem debitum*,
c'est d'avoir considéré comme une chose toute naturelle, comme
une chose conforme aux principes du droit universel, que des
obligations soient unifiées par cela seul qu'elles ont même
objet ou même cause. Pour ma part, au contraire, j'ai toujours
trouvé très peu naturel qu'il n'y eût pas autant d'obligations
distinctes que de débiteurs. Pour que plusieurs obligations
se confondent en une seule, il faut, à mon avis, que tous leurs
éléments se soient préalablement confondus ; or, on en con-
viendra, la personne du débiteur est bien un des éléments
importants d'une obligation, et dans la corréalité les person-

---

(1) Ce n'est certes pas l'art. 1294 *in fine* qui pourrait suggérer cette
pensée.

Certains auteurs allemands ont jugé à propos d'unir les deux notions
d'objet et de cause, et ils ont fait un mot pour désigner le fruit de cet
accouplement. Ils appellent cela le *Vermögenstoff* Or, selon eux, dans les
obligations corréales c'est ce *Vermögenstoff* qui, se trouvant le même
partout, produit l'unité. Je ne trouve pas que cette analyse nouvelle des
éléments de l'obligation fasse avancer beaucoup la question. V. Kuntze.
Excurse über R. Recht. Leipzig. 1880, p. 529 et s.

nes des débiteurs restent distinctes. Eh bien! quand un élé-
ment aussi important que celui-là reste distinct et que les
obligations sont unifiées quand même, je dis que cela ne se
fait pas naturellement, que cela se fait au contraire artificiel-
lement et comme violemment, par suite de quelque décision
de la loi ou de la jurisprudence rendue sous la pression des
circonstances. Voilà quelle a toujours été mon intime convic-
tion, j'ai toujours cru que l'unité d'obligation était le produit artificiel de quelque circonstance de force majeure. Seulement il fallait découvrir cette circonstance et trouver la
trace de l'artifice.

II. — Une remarque faite par M. Demangeat m'a mis sur
la voie.

M. Demangeat voulait savoir quelles étaient les sources de
la corréalité et quelles étaient celles de la simple solidarité.
Or, après des recherches de textes que l'autorité de son nom
me dispense de renouveler, il arriva à cette conclusion que
les sources de la corréalité étaient absolument les mêmes que
celles de la *condictio*. Selon lui, lorsque les débiteurs solidaires sont tenus de la *condictio*, toujours il y aurait corréalité, jamais il n'y aurait simple solidarité ; au contraire, lorsque les débiteurs sont tenus d'une action autre que la *condictio*, toujours il y aurait simple solidarité, jamais il n'y
aurait corréalité (1).

L'exactitude de cette remarque fut contestée. On prétendit
d'abord, qu'il n'était point nécessaire du tout qu'il y eût
condictio pour qu'il y eût corréalité, et que la corréalité pouvait se rencontrer même avec une action de bonne foi ; sur
ce point on avait tort, je le prouverai plus loin. Mais on
prétendit aussi qu'il n'y avait pas toujours corréalité quand il
y avait *condictio*, et sur ce point on avait raison. On pouvait
citer un texte convaincant, la l. 1. C., *de cond. furt.* (IV, 8).
D'après ce texte, les voleurs, lorsqu'ils sont plusieurs, sont tous
tenus de la *condictio furtiva*, mais ils ne sont que débiteurs
solidaires, ils ne sont pas débiteurs corréaux (2). Il n'y a pas

---

(1) *Op. cit.*, p. 184 et s.
(2) Le paiement seul les libère et non point la *litis contestatio* : « si ab
uno *satisfactum fuerit* caeteros liberari. »

d'équivoque possible. M. Demangeat, cependant, ne voulut point se rendre et soutint qu'il y avait interpolation, ses adversaires, d'autre part, en présence d'une erreur qu'ils jugèrent considérable, repoussèrent la remarque tout entière. Ce fut une faute des deux côtés.

La vérité était entre les deux et cette vérité avait des conséquences fécondes que l'on n'a pas aperçues. Il fallait faire sa part au texte, il fallait distinguer entre les *condictiones* et n'établir le rapprochement avec la corréalité que pour certaines d'entre elles.

Les *condictiones*, en effet, peuvent bien être, jusqu'à un certain point, considérées comme formant une classe unique d'actions, cependant il ne faut pas exagérer les choses, et l'on est bien obligé de reconnaître que sous beaucoup de rapports elles formaient plusieurs catégories. Elles n'avaient pas toutes les mêmes sources ni les mêmes règles. Il est surtout deux catégories bien tranchées que l'on peut établir au point de vue des sources, d'un côté, les *condictiones* naissant des actes obligatoires *stricti juris*, tels que la stipulation, *l'expensilatio*, le *mutuum*, le testament (1) ; de l'autre, les *condictiones* qui naissaient de toute une série de faits voisins du quasi-contrat du paiement de l'indû, et que l'on peut d'une façon générale appeler les *condictiones sine causa*. Et des différences de règles correspondaient à cette diversité d'origine, de telle sorte que rien ne ressemblait moins à la *condictio ex stipulatu*, par exemple, que la *condictio sine causa*.

Or la l. 1. C. *de condict. furt.* s'occupe d'une *condictio furtiva*, c'est-à-dire en somme, d'une *condictio* ayant pour but de réprimer l'enrichissement injuste, d'une *condictio sine causa;* tous les autres textes avec qui cette loi est en contradiction s'occupent au contraire de *condictiones ex stipulatu* ou autres de même catégorie ; pourquoi ne pas voir là l'indice d'une

---

(1) L'action qui naît de tous ces actes est bien la *condictio*, la preuve en est pour la stipulation dans les textes suivants : l. 1 pr. *de cond. tritic.* D. XIII, 3 ; G. IV, 5 et 136 ; Cicéron, *pro Roscio* 5 ; pour *l'expensilatio* dans le passage de Cicéron précité ; — pour le *mutuum* dans tous les textes du titre *de reb. credit.*, D., XII, 1 ; — et pour le testament dans les lois suivantes : l. 9 *de reb. cred.*, D. XII. 1 ; l. 23 de V. O., D. XLV, 1, et dans Gaius, II, 204.

différence nouvelle entre les *condictiones* des deux classes ?
Pourquoi ne pas dire : il y a corréalité lorsque les débiteurs
sont tenus d'une *condictio* naissant d'un acte obligatoire *stricti
juris*, il n'y a que simple solidarité lorsqu'ils sont tenus d'une
condictio sine causa ou de toute autre action ?

Ce n'est là sans doute qu'une hypothèse, mais ne voit-on pas
combien immédiatement cette hypothèse devient féconde ?
Elle revient en somme à dire que les actes obligatoires du
droit strict sont la source unique de la corréalité ; or si ces
actes sont la source unique de la corréalité, pourquoi ne seraient-ils pas en même temps la cause de ses caractères
originaux? Ces caractères ne seraient-ils pas la conséquence
du double fait que voici, à savoir que d'un côté les contrats
du droit strict avec leur tendance unilatérale et formaliste
répugnaient à traduire l'engagement solidaire sous sa forme
rationnelle, et que, d'un autre côté, il fallait bien cependant
arriver à traduire cet engagement par les seuls actes obligatoires qui fussent pleinement efficaces ? L'unité d'obligation
ne serait-elle pas justement un biais imaginé par la jurisprudence pour tout concilier ? Enfin, la corréalité, ne serait-ce
point la forme nécessaire de l'engagement solidaire réalisé
par des moyens du droit strict, tandis que la simple solidarité
serait le même engagement réalisé plus tard par des moyens
de bonne foi ?

Tels sont les aperçus qui se présentent en foule à l'esprit,
apportant avec eux une idée de simplification toujours dési-
rée, offrant un moyen de rattacher cette dualité d'une institution particulière, au dualisme si fondamental du droit
Romain tout entier.

Reste à savoir si ces aperçus sont vrais ; je vais m'efforcer
de démontrer qu'ils le sont, mais pour cela je dois les déve-
lopper un peu ; je dois préciser les détails de l'hypothèse avant
de procéder à sa vérification. Je vais donc tâcher de recon-
stituer l'histoire de l'introduction de l'engagement solidaire
dans le droit romain.

Reportons-nous par la pensée à l'époque où le droit
strict régnait en maître, quittons par conséquent l'époque
classique dans laquelle on se cantonne trop souvent, et re-
montons au moins jusqu'au système des actions de la loi, au

temps où l'exception de dol qui contribua tant à adoucir le vieux Droit, n'existait pas encore.

Certes, il n'est pas téméraire de faire dater de cette époque l'apparition de l'engagement solidaire, car il dut entrer de bonne heure dans la pratique des Romains. L'idée de garantie solidaire est une vieille idée indo-européenne que nous retrouvons de tout temps dans les associations des Germains (1) et dans les *gentes* latines (2) ; et d'autre part, les créanciers de Rome avides de sûretés plus que tous autres créanciers, ne durent pas tarder longtemps à découvrir et à imposer aux débiteurs besogneux cette forme perfectionnée de cautionnement. Si l'apparition de l'engagement solidaire n'a pas précédé la suppression du *nexum*, elle doit l'avoir suivie de près. Le *nexum*, par le terrible sort qu'il réservait au débiteur insolvable, permettait de mettre à contribution la compassion et la générosité de ses parents et de ses amis. Quand il fut supprimé par la loi Pœtelia (an de R. 428), les créanciers durent songer immédiatement à remplacer par une solidarité contractuelle cette solidarité de l'amitié sur laquelle ils ne pouvaient plus compter.

La stipulation s'offrait tout naturellement la première pour réaliser l'engagement solidaire ; c'était le contrat universel, c'était surtout le contrat usité en matière de prêt. Ce fut en effet à la stipulation qu'on s'adressa, le langage des textes en fait foi.

Les expressions techniques pour désigner les débiteurs ou les créanciers corréaux sont les mots *duo rei promittendi* ou *stipulandi*, mots consacrés pour la stipulation ; ce qui est plus significatif encore, c'est que très souvent, lorsque les jurisconsultes de l'époque classique parlent de débiteurs solidaires qui ne sont pas tenus en vertu d'une stipulation, ils disent d'eux qu'ils sont *quasi* ou *veluti duo rei promittendi* (3). Enfin quelques textes prennent même la peine de nous apprendre que l'engagement solidaire ne naît pas seulement de la

(1) *Leges Edwardi regis*, C. 20, Wilkins, p. 201.
(2) La *gens* entière répondait de la dette de l'un de ses membres Tite-Live, V, 32 : Denys d'Halycarnasse, XIII, 5 : Appien, *Annibal*, 23.
(3) L.L. 9 *de pact.*, D., II, 14 ; 34 *de recept.*, D., IV, 8 ; 16 *de pe-constit.*, D., XIII, 5 ; 9 *de duob. reis*, D., XLV, 2 ; 8 §1 *de leg.* 1° D., XXX

stipulation, qu'il peut naître aussi d'autres contrats (1). Toutes
ces façons de parler prouvent bien que la stipulation corréale
était le cas type de l'engagement solidaire, et si elle était
ainsi restée le cas type, c'est probablement parce qu'elle
avait été le cas originaire. C'est là un point important, bien
qu'il n'ait généralement pas été assez remarqué ; il me per-
met de préciser, et de me demander maintenant comment
l'engagement corréal à son apparition pouvait être réalisé,
non point par un acte obligatoire du droit strict quelconque,
mais bien par la stipulation.

Or, il n'est pas besoin de longues réflexions pour s'aperce-
voir que la stipulation ne pouvait pas traduire complètement
l'engagement solidaire tel que le conçoit le bons sens, tel
que nous le comprenons, et tel que les Romains le compre-
naient certainement eux-mêmes.

La difficulté, il faut le dire tout de suite, était d'obtenir la
libération de tous les débiteurs après le paiement fait par
l'un deux, chose qui cependant est essentielle dans l'engagement solidaire. Analysons, en effet, cet engagement. Il suppose
plusieurs obligations portant sur la même chose, mais il suppose en outre une convention en vertu de laquelle, lorsque la
chose aura été payée une fois, toutes les obligations seront
éteintes. Je dis qu'il faut une convention spéciale pour cela,
et en effet, à lui tout seul et tout nu, un seul paiement ne
peut éteindre qu'une seule obligation. le paiement fait par
l'un des débiteurs solidaires, s'il n'y avait point de convention,
n'éteindrait que l'obligation de ce débiteur, les autres subsis-
teraient. S'il en est autrement, c'est par un effet de la volonté
des parties.

Eh bien! c'est cette convention-là qu'il n'était pas com-
mode de traduire par la stipulation. Obliger plusieurs débiteurs à fournir tous la même chose, ce n'était pas difficile, il
suffisait pour cela de stipuler la chose de chacun d'eux, mais
convenir que tous ces débiteurs seraient libérés le jour où la
chose serait payée par l'un d'eux, cela ne pouvait se faire
directement dans la stipulation corréale.

(1) L. 16. *de leg.* 2º, D., XXXI : « nam ut stipulando duo rei consti-
tui possunt, ita et testamento id potest fieri » — L. 9 pr. *de duob. reis*
« quia non tantum verbis stipulationis, sed et cæteris contractibus...

Il eût fallu, en effet, pour cela un engagement de la part du créancier, or la stipulation, acte essentiellement unilatéral, ne pouvait pas admettre un engagement de la part du créancier à côté de l'engagement des débiteurs.

Je dis qu'il eût fallu un engagement du créancier, et tout le monde le comprendra si l'on se rappelle qu'à Rome, surtout à l'époque où nous sommes placés, le simple consentement ne suffisait pas pour éteindre les obligations (1). Il n'aurait donc pas suffi de dire dans les *verba* de la stipulation que toutes les obligations seraient éteintes après le paiement. Il fallait absolument une acceptilation faite à chaque débiteur (2). Or cette acceptilation, le créancier ne pouvait pas la faire immédiatement avant d'être réellement payé, il ne pouvait même pas la faire conditionnellement, car l'acceptilation était un *actus legitimus*. Il n'y aurait donc bien eu qu'un moyen de garantir aux débiteurs leur libération, et encore par à peu près, c'eût été, en même temps qu'ils s'engageaient, de faire promettre à chacun d'eux par le créancier sa libération pour le jour où le paiement serait effectué. C'est cette promesse formelle du créancier, pourtant nécessaire, qui ne pouvait trouver place dans la stipulation corréale à cause du caractère unilatéral de celle-ci.

Puisque la convention de libération de tous par le paiement d'un seul ne pouvait pas être traduite directement par la stipulation, il fallait aviser et trouver un moyen indirect d'ariver au même résultat.

Les Prudents s'en chargèrent. Ils étaient habiles à lutter contre ces durs mécanismes du droit strict, ils savaient les manier avec adresse et souvent ils les forçaient à remédier eux-mêmes aux inconvénients qu'ils avaient créés. Les Prudents, du reste, ne reculaient devant aucun moyen pour en arriver à leurs fins, pas même devant les fictions, ou devant les règles arbitraires (3).

(1) Que le consentement fut exprimé purement et simplement ou sous forme de condition résolutoire, l. 44 § 1 *de obl. et act.* D., XLIV, 7.

(2) N'oublions pas que nous sommes sous le système des actions de la loi, que l'exception de dol n'existe pas encore, pas plus que l'exception *pacti conventi*, et que par conséquent il ne peut être question, ni de moyens d'équité, ni de pactes adjoints à la stipulation

(3) Qu'il me suffise de rappeler la fiction du *postliminium* (l.) *de capt.*

Le détour qu'ils employèrent ici fut l'unité d'obligation. Peut-être eussent-ils pu en trouver d'autres, mais puisque nous savons celui qu'ils ont pris, il serait oiseux de rechercher ceux qu'ils auraient pu prendre. Le paiement, à lui tout seul, ne peut éteindre qu'une obligation à la fois. Eh bien! ils décidèrent de faire en sorte que toutes les obligations nées de l'engagement solidaire n'en formassent qu'une seule, de cette façon le paiement en éteignant cette obligation unique libérerait tout le monde.

C'était simple, seulement comment allaient-ils obtenir cette unité de l'obligation? C'est ici que je me sépare surtout des opinions émises jusqu'ici, car, à mon avis, ce n'est point à des principes juridiques abstraits que se sont adressés les jurisconsultes, mais bien à la *formule*. C'est sur la formule qu'ils ont assis l'unité d'obligation, la formule faisait le mal, à elle de le réparer.

C'était une puissance à cette époque-là, que la formule! La volonté de l'homme ne pouvait rien si elle n'était coulée dans son moule et ce moule était souvent étroit. Mais les Prudents s'étaient rendus maîtres de la formule aussi bien que des autres mécanismes du droit et cela par deux moyens: d'abord c'étaient eux qui composaient les formulaires, et ensuite c'étaient eux encore qui interprétaient les formules employées par les parties, afin d'en faire sortir la volonté de celles-ci.

Ils composèrent donc la formule de la stipulation côrréale et puis ils l'interprétèrent.

Voyons d'abord comment ils la composèrent. En premier lieu, tous les débiteurs *correi* durent s'engager par la même stipulation, c'est-à-dire par une stipulation à formule unique où tous figuraient sans qu'il y eût interruption du *negotium* (1). C'était là un premier point très important.

D., XLIX, 15) et celle de l'*hereditas personam sustinet* (l. 13 § 2 ad l. aquil., D., IX, 2, l. 22 de fidej. D., XLVI, 1), et tous ces actes apparents qui ne produisaient pas les effets que normalement ils auraient dû produire les *sponsiones praejudiciales* (G. IV, 92-94), le *mancipium* employé pour arriver à l'émancipation, la *manus* employée dans la *coemptio fiduciae causa* pour changer de tuteur, etc. Tout cela était l'œuvre des Prudents.

(1) V. la formule rapportée aux Instilutes, pr. *de duob. reis*, III, 16 et

Ce n'est pas tout, la formule de cette stipulation unique fut contruite d'une façon toute spéciale et qui respirait l'unité. D'abord, elle était agencée de telle sorte que les débiteurs devaient répondre tous les uns à la suite des autres et comme en bloc, aux interrogations que le créancier leur avait préalablement adressées, absolument comme s'ils n'eussent fait qu'un seul débiteur. Ensuite, dans ces réponses faites en bloc, les débiteurs promettaient tous expressément la même chose, *idem*, c'était dit et répété dans les *verba*, on faisait bien sentir qu'il n'y avait qu'une chose due, une *res*.

La formule une fois construite, on l'interpréta, et alors on en fit sortir complète cette unité d'obligation qu'on y avait préalablement déposée et que l'on supposait voulue des parties. On la fit sortir sans doute de toutes les particularités de la formule que j'ai signalées, mais surtout des deux suivantes: d'abord du fait même qu'il n'y avait qu'une seule formule, ensuite du fait que, dans les réponses de tous les débiteurs, il y avait *idem debitum*.

C'était, en effet, un des principes fondamentaux du vieux droit strict, droit plein de symétrie et de simplicité, qu'un seul acte juridique engendrât une seule obligation et une seule action (1). Une seule stipulation, une seule obligation : c'est pourquoi l'on n'avait fait qu'une seule stipulation. Mais il ne fallait pas que cette unité de la stipulation fût seulement à l'extérieur, il fallait encore qu'elle fût à l'intérieur ; il fallait que la stipulation n'eût pour objet qu'une *res* unique, autrement un autre principe entrait en jeu : *tot stipulationes quot res* (2). C'est pourquoi l'on mit bien en évidence que c'était toujours la même chose que promettaient les débiteurs ; il fallait pouvoir dire suivant le langage de plusieurs textes : *una res vertitur* (3). Le reste en découlait.

---

la loi 6 § 3 *de duob. reis*, D., XLV, 2. — On a voulu soutenir que ce point n'était pas certain et qu'il pouvait y avoir plusieurs stipulations séparées, mais les textes qu'on cite en ce sens ne sont rien moins que probants. V. l. 7 § 1 *de auct. et cons. tut.*, D., XXVI, 8. — l. 3 pr., l. 9 § 2 *de duob. reis.*.

(1) V. Ihering, *Esprit du Dr. R.*, IV § 61 et notamment p. 36.

(2) L. L. 29 pr., 86. *de verb. oblig.* D., XLV, 1.

(3) L. L. 2, 19 *de duob. reis* : *Inst.* § 1 *de duob. reis*, III, 16.

On voit maintenant combien les partisans de la théorie de l'*idem debitum* sont allés près de la vérité, quand ils ont invoqué pour expliquer l'unité d'obligation l'*idem debitum* et même l'*eadem causa* (unité de cause veut dire en somme unité de stipulation, puisque la stipulation était elle-même la cause des obligations qu'elle produisait). Oui, ce sont bien ces deux faits qu'il fallait invoquer, mais à condition de les envisager sous leur véritable aspect. Or, il ne fallait pas voir l'unité d'objet dans l'*idem debitum*, ni l'unité de cause dans l'unité de stipulation ; il ne fallait pas croire à une sorte de vertu de ces notions abstraites de cause et d'objet, il fallait voir dans ces faits des particularités de la *formule*, et les rapprocher des règles du droit strict.

La portée de cette unité artificielle de l'obligation fut, du reste, restreinte absolument au but que l'on se proposait d'atteindre. On voulait par là assurer la libération des débiteurs et ce n'est en effet qu'au point de vue de son extinction que l'obligation corréale était considérée comme unique. Au point de vue de sa formation, au contraire, elle reprenait son caractère normal, elle redevenait multiple, à tel point que l'un des débiteurs pouvait s'engager purement et simplement, et l'autre sous des modalités diverses (1).

Mais par exemple, en tout ce qui concernait l'extinction, l'unité demeurait ; non seulement quand l'extinction devait se faire par le paiement, mais encore quand elle devait se faire par des modes équivalents, comme l'acceptilation, la novation, la *datio in solutum*, le dépôt en justice.

Ainsi fut construite la stipulation corréale.

Par une pratique de quelques siècles cette stipulation s'établit, ses règles se fixèrent, elle devint une institution. Si bien que plus tard, à une époque où le droit moins rigoureux eût permis sans aucun doute de modifier ostensiblement ses règles par des pactes, on préférait la stipuler encore telle quelle, sauf à employer les pactes pour corriger en dessous

---

(1) LL. 7, 9 § 2 de duob. reis. D., XLV, 2. — Les partisans de la théorie de l'*idem debitum* disent que l'obligation corréale est multiple au point de vue subjectif, tandis qu'elle est unique au point de vue objectif ; je trouve plus exacte la formule que j'emploie ici.

ses effets (1). C'est ainsi que souvent les institutions se survivent à elles-mêmes et qu'elles se perpétuent à travers des temps au milieu desquels elles ne seraient point nées.

Non seulement la stipulation corréale s'établit comme institution, mais elle fut imitée et ses règles s'étendirent à l'*expensilatio*, au testament, au *mutuum* (2). Tous ces actes étaient *stricti juris* et unilatéraux comme la stipulation, aucun d'eux par conséquent ne pouvait pas plus que celle-ci traduire complètement l'engagement solidaire ; on fut obligé d'employer ici encore le détour de l'unité d'obligation. Dans la stipulation, cette unité artificielle reposait sur une formule spéciale, il est probable que dans l'*expensilatio* et le testament on l'appuya aussi sur quelque formule analogue exprimant tant bien que mal l'idée d'unité (3).

Le jour où les contrats de bonne foi furent admis par le droit civil et où l'on voulut réaliser par ces contrats l'engagement solidaire, ce jour-là cessa l'extension de la corréalité. L'unité d'obligation n'était plus nécessaire, ces contrats n'étaient point unilatéraux, ils permettaient toutes les conventions et les conventions produisaient tous leurs effets. L'engagement solidaire put s'épanouir en pleine liberté et se montrer sous sa véritable forme. On put faire ouvertement cette convention en vertu de laquelle tous les débiteurs devaient être libérés par le paiement d'un seul et la convention fut à elle seule assez efficace. On eut dès lors à côté de la corréalité, cette seconde forme de l'engagement solidaire que j'ai appelée la simple solidarité (4).

Dans les engagements sans convention la simple solidarité avait aussi toujours existé ; l'unité d'obligation ne pouvait point y être introduite, car elle découlait d'une interpréta-

(1) L. 28, C. *de fidej.*, VIII, 41.

(2) Rappelons-nous que l'on appelait *quasi rei promettendi* ou *quasi rei stipulandi* les parties qui figuraient dans un engagement solidaire réalisé de cette façon.

(3) A propos de deux *argentarii correi stipulandi* il est dit que: *nomina eorum* SIMUL EUNT... SIMUL FACTA SUNT (l. 9 *de pact.*, D. II, 14 ; l. 34 *de recept.* D. IV, 8); ces expressions remarquables et presque pittoresques font probablement allusion à une disposition particulière des écritures

(4) V. ll. 1 § 43, 44. *depositi*, D., XVI, 3 ; 17 *eod.* ; 47 *locat.*, D., XIX. 2 ; 13 § 9. 26 *eod* ; 5 *in fine*, 6, 7, *commod.* D, XIII, 6 ; 9 pr. *de duob. reis.*

tion de volonté qui supposait une convention. D'ailleurs, quel était le but de l'unité d'obligation ? D'assurer la libération de tous les débiteurs par le paiement d'un seul. Or dans les engagements sans convention ce résultat était toujours atteint, soit par suite d'une décision du Préteur soit par la force même des choses. Ainsi en était-il par exemple dans l'hypothèse d'un vol commis par plusieurs : je prends cet exemple, parce qu'il a été question plus haut de la *condictio furtiva*, et que je veux faire voir combien tout cela concorde, combien il y a de bonnes raisons pour séparer la *condictio furtiva*, des *condictiones* naissant des actes obligatoires. Eh bien ! dans cette hypothèse d'un vol commis par plusieurs, lorsque l'un des voleurs poursuivi par la *condictio furtiva* a payé la valeur de la chose, il n'est pas possible que cette *condictio* soit intentée à nouveau contre un autre des voleurs, car elle était fondée uniquement sur l'appauvrissement de la victime, et cet appauvrissement est réparé. Le paiement est donc libératoire par lui-même, il est inutile de chercher des détours. Et cela devait s'appliquer à toute *condictio sine causa* (1).

J'arrive à la fin de cette page d'histoire que je voulais écrire sur l'introduction de l'engagement solidaire dans le droit romain. On voit, en résumé, que c'est par la stipulation que l'on a d'abord tenté de traduire cet engagement, mais que la stipu. ion ne pouvant pas assurer d'une façon directe la libération d tous les débiteurs par le paiement d'un seul, il a fallu recourir à l'unification des obligations, unification qui a été obtenue au moyen de la formule; que le même détour s'est trouvé nécessaire quand on a voulu réaliser l'engagement solidaire par *l'expensilatio*, par le *mutuum*, par le testament, à cause du caractère unilatéral de tous ces actes, et qu'enfin, au contraire, lorsqu'on a pu le réaliser par les contrats de bonne foi toutes ces entraves ont disparu. Au droit strict la corréalité, au Droit de bonne foi la simple solidarité.

Voilà l'hypothèse suffisamment précisée, il me semble, et

---

(1) V. d'autres cas de simple solidarité dans les hypothèses des lois suivantes : l. 33 § 2 *de adm. et perio.* D., XXVI, 7 ; l., 11 pr. *ad municipalem* D., L. 1; l. 14 § 15, l. 15. *Quod met. causa* D., IV, 2; l. 1 § 10, l. 3, l. 4 *de deject. et effus.* D., IX, 3.

il ne me reste plus qu'à procéder à sa vérification au moyen
de quelques preuves. J'ai des preuves à donner , mais je
crois qu'en dehors même de toute preuve, par le seul enchaî-
nement logique de ses parties, par sa parfaite concordance
avec tout ce que l'on sait du vieux droit romain, de ses principes et de son esprit, cette hypothèse devrait être préférée
à toute autre.

— Quoi qu'il en soit, j'arrive aux preuves que j'ai promises.
Je tire la première d'un renseignement que nous donne le
jurisconsulte Venulius dans un texte bien connu (1). Ce
renseignement, c'est que l'unité d'obligation, avec toutes ses
conséquences, ne fut admise que très difficilement dans la
corréalité active, alors que dans la corréalité passive elle n'a-
vait jamais été contestée : « On est presque d'accord, dit
» le jurisconsulte, pour reconnaitre que, le paiement fait par
» un seul, la poursuite intentée par un seul, l'acceptilation
» consentie par un seul, détruisent les deux créances (2) » —
« On est presque d'accord », c'est donc que ces solutions
avaient été contestées et même pour le paiement, la première de toutes, c'est donc que l'obligation avait failli n'être
pas considérée comme unique. Pourquoi cela ? Apparemment
parce que l'unité d'obligation n'était pas une chose forcée ni
naturelle, car des jurisconsultes ne perdent pas leur temps à
protester contre ce qui est forcé ou naturel, mais parce que
l'unité d'obligation était au contraire, quelque chose d'artificiel dont on pouvait discuter l'utilité et compter les inconvénients. Les inconvénients de l'unité d'obligation étaient en
effet plus grands dans la corréalité active que dans la corréalité passive. Ce texte prouve donc jusqu'à un certain point
que l'unité d'obligation était artificielle.

Voici maintenant un autre texte qui a une portée plus générale, et qui établit un point plus important : c'est la l. 9 pr.
de duob reis (D. XLV. 2) bien connue elle aussi. On pourrait
être tenté au premier abord de faire sortir de cette loi une

_____

(1) L. 31 D., XLVI, 2 *de novat.*

(2) « Ferò autem convenit et qui rectè solvi et unum judicium petentem
» totam rem in litem deducere ; item unius acceptilatione perimi utrius-
» que obligationem. »

objection contre ma théorie, on va voir, au contraire, qu'elle est tout en ma faveur.

La loi 9 pr. parait confondre ensemble et ranger indistinctement dans la classe de la corréalité des cas très différents, dont plusieurs dans mon opinion devraient être des cas de simple solidarité, car les obligations y naissent de contrats de bonne foi, comme le dépôt, le commodat, la vente et le louage. On s'est déjà fait un arme contre M. Demangeat de ce passage et on pourrait essayer d'en faire autant contre moi. On pourrait me dire : voyez, il est impossible de prétendre que la corréalité naisse uniquement des contrats du Droit strict, puisque ici on la voit naître de contrats de bonne foi.

Est-on bien sûr, en argumentant ainsi, de rendre la véritable pensée du texte, est-on bien sûr que la loi 9 présente réellement les obligations solidaires nées du dépôt et du commodat, comme des obligations corréales ? J'en serais bien étonné pour ma part, car alors la loi 9 se mettrait en contradiction avec d'autres textes. Quel est le *criterium* auquel on reconnaît qu'une obligation est corréale au lieu d'être simplement solidaire ? C'est à l'effet libératoire de la *litis contestatio ;* or un texte aussi formel que possible nous montre que, dans le cas de commodat, cet effet libératoire ne se produit pas (1). Il y aurait donc pour le moins antinomie.

Mais il n'y a même pas antinomie, il est un moyen bien simple de tout concilier. Ce qui trompe, en définitive, c'est un nom. La loi 9 ne dit pas autre chose que ceci, c'est que par le dépôt, le commodat, etc., on peut aussi bien être constitués *duo rei* que par la stipulation. Et l'on a cru que cette expression *duo rei* devait nécessairement désigner deux débiteurs corréaux. Pourquoi cela ? Pourquoi n'aurait-elle pas un sens plus large et ne désignerait-elle pas tous débiteurs tenus d'un engagement solidaire ? Les Romains avaient-ils un mot pour désigner les débiteurs simplement solidaires ? Je n'en connais pas, ils étaient bien forcés d'employer un terme général. Et songeaient-ils seulement à distinguer ? Les commentateurs modernes ont fini par découvrir dans les obligations solidaires

---

(1) L. 5 § 9 *commod.* D., XIII, 6 : « et si alter conventus *præstiterit* liberabit alterum. »

romaines deux formes différentes dont ils ont fait deux catégories bien tranchées : ils ont appelé l'une corréalité et l'autre simple solidarité ; mais cette distinction et cette double
dénomination étaient inconnues aux Romains. Il n'y avait
pour eux qu'un seul engagement solidaire toujours le même,
celui qui faisait les *duo rei ;* sans doute, il revêtait deux formes différentes, mais cette différence de formes ne valait pas
la peine qu'on s'y arrêtât, elle provenait d'une circonstance
tout extérieure, du contrat par lequel l'obligation était réali-
sée.

Ainsi s'explique la loi 9.

Eh bien ! je dis que cette explication cadre merveilleuse-
ment avec ma théorie et vient la confirmer. Oui, c'est bien
au fond le même engagement solidaire qui, s'adressant d'a-
bord aux actes obligatoires *stricti juris* pour se faire introduire
dans le domaine du droit, dut subir leur loi et se déformer,
et qui, plus tard, avec les contrats de bonne foi put entrer
la tête haute et les coudées franches. Je comprends sans
peine qu'il ait toujours porté le même nom, je serais étonné
du contraire. Ceux que la loi 9 doit embarrasser, ce sont les
partisans des autres théories qui toutes, plus ou moins, exa-
gèrent la différence entre la corréalité et la simple solidarité.

Enfin, et c'est là pour moi la considération la plus impor-
tante, il ne faut pas oublier le point d'où je suis parti pour
édifier toute cette hypothèse. Tous les textes du Digeste éta-
blissent une parenté entre la corréalité et la *condictio ;* ce fait
signalé par M. Demangeat demande une explication, j'ai
donné cette explication ; une seule loi, la C. 1 *de cond. furt.*
vient troubler l'harmonie des autres lois, ma théorie rend
raison de cette loi ; puisque cette hypothèse explique tous
les textes, elle doit être acceptée pour peu qu'en soi elle se
trouve acceptable (1).

(1) J'ai besoin de placer ici une observation pour que l'on ne m'accuse
pas d'oubli. Je n'ai signalé qu'une différence entre la corréalité et la
simple solidarité, celle qui résulte de l'effet libératoire de la *litiscontes-*
tatio ; or, il y en a quelques autres,... Je ne les énumère pas cependant
pour ne pas allonger outre mesure cette étude : elles sont peu importan-
tes et toutes s'expliquent très bien par cette idée que la corréalité appar-
tient au droit strict, la simple solidarité au droit de bonne foi.

III. — Ce travail devrait être terminé, puisque le but que je m'étais proposé est atteint et que j'ai indiqué l'origine de la corréalité. Mais tout n'est pas dit encore sur cette institution, il reste à expliquer par suite de quel mécanisme l'unité d'obligation amenait l'effet libératoire de la *litis contestatio*. J'ai dit dès le début que cet effet libératoire venait sûrement de l'unité d'obligation, et c'est ce qui m'a permis de me livrer à tous les développements qui précèdent, mais j'ai dit en même temps, qu'il n'en venait peut-être pas aussi directement qu'on le croyait généralement et que je le montrerais. Je dois tenir ma promesse, je serai, du reste, extrêmement bref.

Voici le raisonnement que tiennent la plupart des auteurs : l'obligation corréale est unique, donc, lorsque le créancier engage l'instance avec l'un de ses débiteurs, cette obligation se trouve tout entière déduite *in judicium ;* au moment de la *litis contestatio*, l'effet novatoire bien connu de cette phase de la procédure se produit (1) et l'obligation s'éteint pour tout le monde. Il naît bien aussitôt une autre obligation, mais seulement à la charge du débiteur poursuivi qui seul est partie dans l'instance ; les débiteurs non poursuivis sont donc complètement libérés. En somme, la libération par la *litis contestatio* est une conséquence forcée de deux faits, d'un coté l'obligation unique, de l'autre, l'effet extinctif ordinaire de la *litis contestatio*.

Ce raisonnement ne me satisfait pas. Ceux qui le font oublient une chose, c'est que les effets de la *litis contestatio* sont tout relatifs aux personnes engagées dans l'instance (2). Ils reconnaissent bien la vérité de ce principe lorsqu'ils disent que la nouvelle obligation créée n'est créée qu'à la charge du débiteur poursuivi, mais ils la méconnaissent lorsqu'ils considèrent l'obligation primitive comme éteinte vis-à-vis de tout le monde. L'effet novatoire de la *litis contestatio* doit pourtant bien avoir le même caractère dans

---

(1) Pourvu, bien entendu, que les conditions exigées soient réunies : action *in jus, in personam, judicium legitimum ;* ici il ne pourrait guère manquer que le *judicium legitimum.*

(2) L. L. 1, 3, 12, 13, 14, 22 *de except. rei jud.*, D., XLIV, 2.

ses deux fonctions, soit qu'il éteigne, soit qu'il crée, et
en réalité il est aussi relatif dans l'une que dans l'autre.
L'obligation corréale, quelque unique qu'elle soit, ne devrait
donc être considérée comme éteinte que vis-à-vis du débiteur poursuivi.

Comment se fait-il qu'il en soit autrement et qu'elle soit
éteinte vis-à-vis de tout le monde ? Je serais assez porté à
croire qu'il y a eu à ce sujet une décision arbitraire de la jurisprudence et peut-être cette décision était-elle nécessaire (1).
On le sait, il fallait avant tout, assurer la libération de tous les
débiteurs par le paiement d'un seul, c'était là le but toujours
poursuivi. Eh bien, sans l'effet libératoire de la *litis contestatio* cette libération eût été compromise par la poursuite du
créancier. Car l'unité d'obligation n'existait plus à partir de la
litis contestatio, il y avait maintenant deux obligations, la
primitive, d'abord, puis l'obligation née depuis la *litis contestatio* à la charge du débiteur poursuivi. Je suppose que
celui-ci, condamné, eût payé, il eût éteint la seconde obligation, il n'eût pas éteint la première, celle qui pesait encore
sur tous les autres, car un seul paiement n'éteint qu'une
seule obligation.

Voilà pourquoi, afin de couper court à tout danger, on
décida malgré l'incommodité de la chose que la *litis contestatio* libérerait par elle-même les codébiteurs (2). J'ajoute,
du reste, que cette complication venue de la *litis contestatio*
doit ne s'être produite qu'après la création de la stipulation
corréale. On peut, en effet, conjecturer d'après un passage de
Gaius (3) qu'avant le système formulaire, la *litis contestatio*
ne produisait pas son effet novatoire. L'obligation corréale
restait donc toujours une même après la poursuite du créancier, et continuait à pouvoir être éteinte par un seul paiement.
Si cet effet novatoire eût existé dès l'époque où la stipulation

(1) M. Gide, le regretté maître, suppose même que cet effet libératoire
provenait d'une mesure politique : « il ne fallait pas qu'il y eût trop de
débiteurs tenus à la fois de la même dette. » (*Novation*, p. 322, note 2). On
va voir qu'il n'était pas besoin d'une mesure politique.

(2) Peut-être la jurisprudence s'inspira-t-elle de cette idée que les débiteurs, répondant en bloc, semblaient ne faire qu'un seul débiteur, *eadem
persona.*

(3) G. IV, 48.

corréale fut créée, il est probable qu'au lieu de l'unité d'obligation, on eût choisi pour réaliser l'engagement solidaire quelque autre moyen qui eût mieux triomphé de la difficulté.

L'effet libératoire de la *litis contestatio* ne se produisait pas seulement dans la corréalité, il se produisait encore dans la *fidepromissio*, la *sponsio* (1) et la *fidejussio* (2). C'est que dans tous ces modes de cautionnement il y avait encore unité d'obligation. Et cette unité d'obligation était nécessitée par la même cause et obtenue par le même moyen que dans la corréalité. Les *fidepromissores*, les *sponsores*, et les *fidejussores* étaient en effet tous engagés par la stipulation, la stipulation était toujours aussi unilatérale, elle se refusait toujours autant à traduire la convention en vertu de laquelle le fidéjusseur aurait été libéré par le paiement du débiteur principal ; il fallait donc recourir à l'unité d'obligation et en supporter les conséquences. On assit là encore l'unité d'obligation sur la formule, et, qui mieux est, sur ce même mot *idem* qui servait déjà dans la corréalité.

Cela est si vrai, que lorsque le pacte de constitut qui n'avait plus la raideur des actes du droit strict, fut plus tard employé pour réaliser le cautionnement, l'effet libératoire de la *litis contestatio* disparut de ce mode nouveau, parce qu'on n'avait plus besoin de recourir à l'unité d'obligation (3). On eut alors quelque chose d'analogue à la simple solidarité.

(1) Cic. *ad Attic.* XVI, 15.
(2) l. 28, c, *de fidej.*, VIII, 41; Paul, *Sent* ; II, 17 § 16.
(3) l. 18 § 3 *de pecun.*, *constit.* D., XIII, 5, il résulte des termes de cette loi que dans cette hypothèse les obligations restaient multiples.

Châteauroux. — Typ. et Stéréotyp. A. MAJESTE.

Châteauroux. — Typ. et Stéréotyp. A. MAJESTE.

www.ingramcontent.com/pod-product-compliance
Lightning Source LLC
Chambersburg PA
CBHW060510200326
41520CB00017B/4981